LE

# MOMENT DE LA GRACE



In-18, 3e série.

L. Lefort, Éditeur. Lith de Ve Rebout à Douai

Oh! quel poids on m'a ôté de la conscience, je n'avais pas l'idée de ce bonheur...

LE

# MOMENT DE LA GRACE

OU LES

## DERNIÈRES HEURES D'UN CONDAMNÉ A MORT

DEUXIÈME ÉDITION

LIBRAIRIE DE L. LEFORT

IMPRIMEUR ÉDITEUR

| LILLE | PARIS |
| --- | --- |
| rue Charles de Muyssart | rue des Saints-Pères, 30 |
| PRÈS L'ÉGLISE NOTRE-DAME | J. MOLLIE, LIBRAIRE-GÉRANT |



1865

LE

# MOMENT DE LA GRACE

## CHAPITRE I

**Vie de Prudhomme. — Son obstination et son impénitence.**

**Prudhomme** François Augustin (dit Pistolet) naquit à Château-Thierry, département de l'Aisne, à la fin de l'année 1829. Sa mère eut le malheur de le gâter dès sa plus tendre enfance, et c'est sur lui-même qu'elle fit retomber la punition de cette faute, puisque par suite de ses mauvaises dispositions, elle l'abandonna à l'âge de dix ans! ce dont il conserva toujours un affligeant souvenir.

Il fut recueilli par sa grand'mère; mais la mort lui ayant bientôt après enlevé ce soutien, il se trouva abandonné de tous, repoussé par sa mère et réduit à aller frapper à la porte des hospices, où il fut reçu. C'est là qu'il fit sa première communion sans comprendre toute l'importance de cette grande action, car il n'en conserva guère de souvenir. Il demeura dans ces établissements ou sous leur patronage, travaillant une partie du temps dans les ateliers, jusque vers l'âge de quinze ans. Ce fut alors que son inconduite le fit chasser définitivement des hospices.

Depuis cette époque, sa vie ne fut plus qu'un vagabondage continuel; après avoir promené son oisiveté par toutes les rues de la capitale, il se rendit à Angers, mendiant sur la route, n'ayant pour couvrir sa nudité, que quelques misérables haillons, couchant le plus souvent à la belle étoile, et souffrant tout ce que la misère a de plus triste et de plus hideux.

Son moral surtout supportait avec peine un pareil abandon; il était loin d'être stupide; né avec de l'intelligence et du cœur! il comprenait toute la honte de sa position et il la sentait, de sorte que le chagrin et le dépit de se voir si impitoyablement repoussé de ses parents et de toute la société, le préoccupaient sans cesse.

Souvent après s'être traîné sur une route pendant plusieurs lieues, exténué de fatigue et de faim, quand arrivait le soir, il cherchait un abri pour la nuit. C'était tantôt sous un hangard isolé, tantôt dans une grange, et quelquefois près de quelque arbre ou sur le bord d'un fossé. Là il se couchait attendant le sommeil, mais le besoin et la misère le tenaient éveillé.

Seul alors au milieu des ténèbres et de la solitude, il pensait au malheur de son sort, au bonheur de tant d'enfants objets des soins et de l'amour de leurs parents; il pensait à sa mère, et il pleurait amèrement.

Voilà comment ce malheureux passait les heures du repos, et il ne se relevait et n'essuyait ses larmes que pour se remettre en route et continuer d'errer à l'aventure, sans avoir d'autre but dans son voyage que celui de ne pas mourir de faim et de misère. C'est ainsi qu'il alla de Paris à Angers, d'Angers à Paris, puis à Rouen, et puis encore à Paris. On le devine, la nécessité plus d'une fois, et aussi son malheureux naturel le poussèrent à des actes répréhensibles devant la loi humaine; il fut d'abord condamné pour vagabondage, puis pour vol; il n'avait pas encore commis d'horrible attentat, puisqu'il ne passa devant les assises qu'une seule fois avant sa condamnation à mort. Le malheur commença par aigrir ce cœur qui ne manquait pas de bonnes qualités, et les mauvaises compagnies, les lectures et les prisons finirent par le gâter entièrement et par le conduire à l'échafaud.[1]

[1] Renfermé à la maison centrale de détention de Loos, département du Nord, par suite de sa condamnation, Prudhomme ne se soumit pas à la discipline de la maison; au lieu de supporter sa peine avec résignation, et de chercher dans la religion des consolations à son malheur, il s'exalte, s'irrite, se lie particulièrement avec quelques condamnés au cœur perverti et à l'esprit inquiet.

S'exaltant l'un l'autre, ils prennent en haine le régime de la prison; l'existence leur paraît insupportable; et sans autre motif que le dégoût de la vie et la pensée d'en finir, ils forment à quatre le complot de commettre un assassinat. Un gardien occupé à son service dans leur préau devient leur victime; ils s'élancent sur lui, le frappent avec fureur et le laissent pour mort.

Après le forfait, ils tentent une résistance désespérée contre la force armée; ils se barricadent, bravent l'administration et la troupe; mais ils sont bientôt forcés de se rendre à discrétion.

Traduits devant la cour d'assises de Douai, ils conservèrent en face de la justice toute leur audace.

Par arrêt du 1er mai 1852, Prudhomme, Eugène et Desrivières furent condamnés à mort; Rassé, âgé de 18 ans, aux travaux forcés à perpétuité. Eugène avait vingt ans, Prudhomme vingt-deux, Desrivières trente-deux.

On ne saurait dire où l'infortuné Prudhomme a pu recevoir son instruction; le fait est qu'il n'en manquait pas. Tout ce qu'il a écrit et tout ce qu'il a dit dénote en lui non-seulement une certaine dose de connaissances, mais une intelligence et une trempe de caractère peu communes.

Voici deux strophes d'une élégie qu'il a composée dans la prison de Douai avant sa conversion; les sentiments qu'il exprime dans les autres ne permettent pas de les publier :

. . . . . . . . . .

Soyez béni! mon Dieu ! bientôt je vais descendre
Où des rois se confond l'orgueil,
Bientôt mon faible corps sera réduit en cendre
*Pour toujours* au fond du cercueil.

. . . . . . . . . .

A peine ai-je aperçu le soleil de la vie,
Que soudain je meurs, oui, je meurs :

Et sur la tombe où gît ma dépouille flétrie
Aucun ne vient semer des fleurs!

PRUDHOMME.

Tel était cet infortuné jeune homme. Le plus grand de tous les malheurs pour lui eût été de repousser jusqu'à la main paternelle que la miséricorde de Dieu lui tendait depuis longtemps. Hélas! il ne paraissait pas plus disposé à conjurer ce malheur que tous les autres. Mieux lui eussent valu l'ignorance et les ténèbres que cette fausse lumière qui paraissait devoir lui faire illusion jusqu'au moment suprême.

Voici, mot à mot, une lettre qu'il adressait, quelque temps après sa condamnation, à M. l'aumônier de la prison de Douai; cette lettre fera juger de ses dispositions mieux que tout ce que l'on en pourrait dire.

M. l'aumônier lui avait prêté le premier volume de l'*Essai sur l'indifférence* par La Mennais et avait enveloppé par mégarde le volume d'un billet de mort; c'est là l'objet de sa colère dans le *post-scriptum*.

« Monsieur,

» J'ai lu avec la plus scrupuleuse attention ce livre que vous avez eu l'obligeance de me prêter, et je n'ai reconnu dans l'auteur qu'un utopiste qui veut substituer l'erreur à la raison véritable. Il veut faire voir que la religion n'est pas une institution politique, que la religion naturelle n'est pas celle qui est révélée, parce que notre raison nous trompe, et une infinité d'autres absurdités qu'il veut faire passer pour véritables en voulant détruire les raisonnements sublimes des sages et des savants qui ont éclairé les peuples en leur faisant connaître les fables de la religion chrétienne et autres comme autant de moyens pour les tenir sous le joug de la tyrannie. Où est la charité et toutes les vertus prétendues de votre secte! Je les connais! les siècles passés, le présent me les fait abhorrer!.... Arrière! arrière! fléaux du genre humain! disparaissez de la terre, et les peuples seront heureux!....

» Ainsi, monsieur, je vous prie de ne point tenter de me convertir, ce serait peine inutile, car, étant déiste et très-instruit sur vos matières religieuses, je dis avec Voltaire: Ecrasons l'infâme!...

» Je vous salue et vous prie de ne pas vous déranger pour moi et de me dispenser de vos visites.

» PRUDHOMME.

» *P. S.* En m'envoyant ce billet d'enterrement vous avez cru sans doute que je m'effrayerais en voyant les os et la tête de mort ! Au contraire [1].......

» Voilà ma réponse à votre dérision en m'envoyant cette invitation mortuaire. »

Un des complices de son crime, Eugène, avait été presque dans les mêmes dispositions; mais son cœur était bien changé, et le repentir de

[1] Ce *Post-scriptum* se terminait par des réflexions d'un tel cynisme que nous avons dû les supprimer.

ses fautes en avait fait un homme nouveau. Avec quelle satisfaction ne voyait-on pas s'ouvrir la porte de sa cellule? On était heureux de le voir doux et patient, le sourire sur les lèvres, parlant de Dieu avec piété et repentir, et se montrant lui-même heureux d'en entendre parler; on en sortait toujours ému et édifié. La porte se refermait avec son bruit triste et lugubre, mais l'on se disait: « Ce n'est pas sur un malheureux qu'elle se referme. Du moins à ce bruit si pénible il n'est point répondu par des blasphèmes et des imprécations. Le bonheur est là, le condamné bénit Dieu dans sa captivité. »

Mais quand il s'agissait de passer près de la prison de Prudhomme c'était autre chose. On se sentait pénétré de je ne sais quel sentiment de peine et d'appréhension : on redoutait de voir s'ouvrir ce cachot au fond duquel gémissait un malheureux, ennemi de Dieu, persistant toujours dans le péché et l'impénitence. L'exemple de son confrère converti n'avait fait sur ce cœur rebelle aucune impression, et il résistait à tout.

Enfin un ecclésiastique vint un jour le voir, c'était le 15 juin. Prudhomme était sombre et rêveur ; cependant il le reçut très-honnêtement, comme il faisait envers tout le monde.

« Eh bien, mon ami, lui dit le prêtre, comment êtes vous depuis notre dernière entrevue ?

— Comme toujours, M. l'abbé, fort content d'en finir bientôt avec la vie, et d'aller à Loos porter ma tête sur l'échafaud, non, comme on le veut, pour l'exemple, mais pour l'encouragement de mes malheureux frères...

— Avez-vous déchargé votre conscience dans le sein d'un prêtre par la confession, ce moyen si doux et si facile de salut? ou bien, persistez-vous toujours à la rejeter sans même en avoir fait l'essai.... »

Et l'ecclésiastique, le voyant attentif, continua à lui parler du bonheur et de la paix réservés aux pécheurs qui recourent avec sincérité au sacrement de pénitence.

Prudhomme semblait écouter avec une attention qu'il n'avait pas encore accordée jusque-là. M. l'abbé lui raconta ensuite plusieurs faits touchants à l'appui de ce qu'il avançait, et il finit par lui montrer une lettre à lui adressée de Besançon, par un militaire.

« Mon cher Prudhomme, voici une lettre à laquelle vous n'aurez rien à objecter, je l'espère. Vous avez encore de bons sentiments et un bon cœur, mon cher ami, et je suis attendri de voir que tout ce que je vous dis vous plaît et vous touche. Eh bien, écoutez... Voilà comme s'exprime sur le bonheur de s'être confessé, un militaire qui en était bien éloigné. Ce militaire était à Douai il y a quatre mois. Il est aujourd'hui en garnison en dépôt des chasseurs à pied à Besançon, et il y a déjà près de deux ans que ce bonheur dure pour lui.

Voici comment il s'exprime :

« Mon bon père,

» ...... Depuis le jour où je vous ai dit adieu pour la dernière fois, voilà déjà trente et un jours écoulés. Faut-il que je vous dise ce qu'ils ont été pour moi? trente et un jours d'ennui !... Oh ! mon bon père ! combien ce temps m'a paru long, sans vous voir, sans vous parler, sans vous écrire ! Oh ! oui, mon père, je vous ai quitté le cœur bien gros de chagrin; aussi à peine arrivé sur la route, j'étais heureux d'être isolé pour pouvoir pleurer à mon aise et me dégager le cœur. Des larmes abandontes ont coulé de mes yeux, et je me suis trouvé un peu mieux à mon aise. Vous le savez, ma bouche ne pouvait prononcer les paroles que mon cœur aurait voulu; elles expiraient toutes sur mes lèvres. J'aurais voulu aussi faire un bon adieu aux bons soldats qui viennent à l'école; mais vous le savez, cela m'a été impossible. Je vous prie donc de me rappeler à leur souvenir. Dites-leur bien que je pense à eux souvent et que chaque jour ils ont leur part dans ma prière. Et vous aussi, mon bon père, je ne vous oublierai jamais; je me rappellerai toute ma vie que c'est près de vous que pour la première fois sous l'uniforme militaire, je me suis agenouillé pour demander pardon à Dieu, et à vous, mon père, des nombreux péchés que j'ai commis. O jour heureux ! jour à jamais gravé dans ma mémoire ! il était aussi beau que le jour de ma première communion; jour heureux, qui marqua mon enfance comme celui-là imprima dans mon cœur le caractère de soldat chrétien ! Ce souvenir me fait verser de bien douces larmes et me fait rappeler toutes vos bontés. Combien je serais heureux d'être auprès de vous, de m'agenouiller à vos pieds pour faire encore l'aveu de mes fautes et en recevoir le pardon !... Combien je serais heureux si je pouvais aller chercher près de vous les consolations de mes peines, recevoir vos avis, vos exhortations à la prière, à aimer le bon Dieu, la très-sainte Vierge ! Oh ! oui, je serais heureux ! mais puisque Dieu ne le veut pas, que sa sainte volonté soit faite. Et du moins, si je ne puis plus vous voir, vous parler de bouche, je pourrai toujours vous écrire et prier pour vous ; c'est ce qui fait ma consolation. J'ai eu le bonheur d'approcher de la sainte Table le Jeudi-saint, en actions de grâces pour les bienfaits dont Dieu nous a comblés pendant notre voyage.... »

La lecture n'était pas terminé, et déjà Prudhomme ne pouvait plus contenir son émotion. La tête baissée et appuyée sur sa main qui cachait ses yeux, le malheureux pleurait... Oui, il pleurait! et des larmes abondantes inondaient sa figure et coulaient jusqu'à terre. Spectacle touchant! un scélérat, un condamné à mort pleurer, verser des torrents de larmes! Oh!... il ne pleura pas seul; on mêla ses larmes aux siennes, on l'embrassa, on lui prodigua les plus douces consolations. C'était la première preuve de sensibilité que l'on rencontrait en lui. Aussi était-on heureux de ce triomphe, et comptait-on sur sa conversion, quoiqu'il ne promît rien encore... n'importe; on se retira avec confiance, espérant tout du lendemain.

Vain espoir! Hélas! le lendemain le retrouva presqu'aussi obstiné que toujours, ne refusant pas absolument, mais prétextant son manque de foi, et jetant, comme à l'ordinaire, à travers tout ce que lui disait M. l'aumonier, mille réponses et objections futiles, dont sont si pleins et si fiers ceux qui font leur pâture des mauvais livres.

# CHAPITRE II

## Combats et conversion de Prudhomme.

Cependant le lendemain arrivèrent l'ordre et la date de l'exécution, avec la commutation de la peine de mort en travaux forcés à perpétuité pour le plus âgé des condamnés. M. l'aumônier se rendit, à cette nouvelle, près du malheureux Prudhomme; il le pressa, le conjura, lui fit sentir l'approche du jour fatal auquel il fallait, sans plus tarder, qu'il se préparât par sa réconciliation avec Dieu. Prudhomme demeura inébranlable dans son obstination.

« Mon cher Prudhomme, lui dit-il enfin, vous connaissez quelqu'un en ville, vous avez un ami qui vous porte beaucoup d'intérêt, et dont les paroles vous ont touché à sa dernière visite ; surtout la lettre qu'il vous a lue d'un militaire, vous en souvenez-vous? c'est M. le vicaire de Saint-Pierre ; voulez-vous qu'il vienne vous voir encore ?

— Oui, je le veux bien, M. l'aumônier ; il me fera plaisir.

— Et si votre condamnation est maintenue, voulez-vous que ce soit lui qui vous conduise et vous donne les dernières consolations ?

— Oui ! qu'il vienne, j'en serai bien reconnaissant. »

M. l'aumônier ne se le fit pas répéter; l'espérance lui avait rendu du courage; il partit aussitôt. Il était dix heures du matin; il informa M. le vicaire de Saint-Pierre des dispositions de Prudhomme, en le priant de se rendre près de lui. Le prêtre y courut à l'instant, heureux des dispositions manifestées par le condamné. Mais sa joie ne fut pas de longue durée. M. Amant, le gardien chef, le conduisit à la porte du malheureux, et après l'avoir ouverte,

« Eh bien, lui dit-il, le voilà votre ami; êtes-vous content, Prudhomme?...

— Oh! oui! c'est bien mon ami.... Je vous remercie, M. le gardien-chef. »

Le prêtre et le condamné s'embrassèrent avec effusion, et la lourde porte, roulant avec fracas sur ses gonds, se referma sur eux.

Dire tout ce qui se passa entre eux, tout ce qui fut dit d'un côté et répondu de l'autre pendant les longs instants que la porte resta fermée, serait chose impossible. On entendit parler, répondre.., et voilà tout... Enfin, deux heures après, ls signal d'ouvrir se fit entendre, le gardien s'y rendit aussitôt; il entra, il vit le prêtre les yeux encore pleins de larmes, mais le malheureux condamné toujours insensible, et paraissant même indifférent à la promesse qui lui fut faite de venir le revoir dans quelques heures.

N'importe; sans perdre courage, le ministre de Dieu alla demander des prières dans toutes les communautés, surtout la prière des élèves des frères, des enfants de l'asile, et des sœurs de charité. C'était l'octave du Saint-Sacrement, qui était exposé; bien plus, c'était le vendredi, fête du Sacré-Cœur de Jésus.

« Serait-il possible, disait-il, ô Jésus, que dans votre cœur si large il n'y eut plus de place pour ce malheureux qui va mourir demain. »

Un trait du pauvre prêtre, le père Bernard, envers un condamné aussi impénitent, se présenta alors à son esprit; c'est un malheureux à la veille de mourir, qui se convertit à la récitation de la prière à Marie: *Souvenez-vous....* Il saisit cette idée, qui lui semble venir d'en haut, prend un exemplaire de cette touchante prière, et le petit ouvrage intitulé *le Dimanche des soldats*, où se trouve le récit édifiant de l'exécution du sergent Herbuel[1], et il n'oublie pas un

[1] Voici les détails de l'exécution du sergent Herbuel, condamné à mort le 29 août 1849, pour assassinat sur la personne de son lieutenant.

petit chapelet dont il se sert toujours avec succès pour les pécheurs mourants, et qui a déjà obtenu des conversions éton-

Depuis ce temps, ce malheureux, profondément repentant de son crime, se préparait chaque jour à l'Abbaye militaire, où il était détenu, à subir sa condamnation et à paraître devant Dieu.

Dès le deuxième ou le troisième jour, après sa sentence de mort, n'espérant rien des démarches que ses amis faisaient pour obtenir la commutation de sa peine, il s'était confessé et avait reçu la sainte communion. Vivant dans la retraite au milieu même de ses compagnons de captivité, passant toutes ses journées à prier, à lire des livres religieux, il se tenait toujours prêt à mourir. Il communiait tous les huit jours environ, et la grâce de Dieu avait fait de tels progrès dans son âme, qu'on l'a vu rester après ses communions, plus de trois heures en recueillement et en silence. — « Maintenant, disait-il souvent à l'aumônier de l'Abbaye, maintenant je suis heureux, je suis prêt; que le bon Dieu fasse de moi ce qu'il voudra; je suis dans une paix profonde, je ne regrette la vie que pour pouvoir faire pénitence. » — Les dimanches il se mettait à une petite fenêtre de la chambrée où il couchait, et d'où il entendait les chants de l'office divin de l'église voisine, Saint-Germain-des-Prés, et il s'unissait d'intention aux prières des fidèles.

nantes et des morts les plus chrétiennes. c'est muni de ces armes, et de la plus grande confiance en Marie le refuge

Chaque matin il lisait encore les prières de la messe, en union au saint sacrifice que l'aumônier de la prison offrait à Dieu.

Le 1er novembre on lui notifia sa sentence d'exécution. Il ne s'y attendait plus depuis un mois environ, car il y avait *soixante-trois jours* qu'il avait été condamné. Il entendit avec calme cette redoutable sentence, et bien que son corps ressentît un tremblement convulsif, il avait, en parlant à l'aumônier et aux autres personnes qui l'approchaient, un grand calme d'esprit et de cœur. — « J'avoue, disait-il, que je ne m'attendais pas à cela, après un si long retard. La volonté de Dieu soit faite! Mais il est cruel de m'avoir fait languir si longtemps pour en venir là! » — Le pauvre condamné se confessa une dernière fois, et quelques moments après, reçut le saint viatique. L'aumônier le consola encore pendant quelque temps, puis le laissa en prières. Il pria ainsi toute la nuit, causant de temps à autre tranquillement avec les deux gendarmes qui le veillaient.

« Vous ne sauriez croire, Monsieur l'aumônier, disait-il le lendemain matin à l'abbé de S..., quelle excellente journée j'ai passé hier!... Comme j'étais heureux! C'était un pressentiment permis par la bonne Providence.

des pécheurs, qu'il va à la prison tenter de nouveau la conquête de cette âme malheureuse, se promettant bien de

coup fait si vous réussissiez. ? Il avait une *Petite Jour-* Je savais que c'était la fête des Saints ; j'ai prié tout le temps, j'ai dit deux fois leurs litanies ; le soir j'étais bien content, et maintenant je le suis bien encore. Rien ne peut vous exprimer quelle paix j'ai goûtée cette nuit ; c'est une joie dont on ne peut se faire une idée. »

A six heures un quart, la voiture cellulaire arriva. Herbuel prit congé du commandant et du concierge de l'Abbaye.

Tons étaient profondément tonchés, d'autant plus qu'ils savaient combien Herbuel était disposé à la mort. Il monta avec l'aumônier dans la triste voiture, qui arriva à Vincennes vers huit heures.

Herbuel était paisible, gai même, pendant le trajet. — « Ce n'est pas la mort, disait-il en versant une fois quelques grosses larmes, ce n'est pas là tout ce qui me fait pleurer ; mais c'est vous qui me faites de la peine, mon père..., et mes pauvres parents. Pour la mort, elle n'est plus rien pour moi ; je sais où je vais là haut, chez mon père : je vais *chez nous*... Dans quelques moments j'y serai. Je suis un grand pécheur, le plus grand de tous les pécheurs ; je me mets au plus

ne plus le quitter, dût-il y passer la nuit.

Il est conduit près de Prudhomme. Le

et j'ai une confiance immense en lui... O la belle prière, disait-il en montrant au prêtre quelques versets d'un Psaume. Oh que voilà bien mon affaire!... « En lisant une prière après la communion : Mon Dieu est avec moi, il est là, murmurait-il tout-bas... Et il était plein de joie.

L'aumônier lui parlait de la très-sainte Vierge : « J'ai une confiance entière dans la sainte Vierge, répondit le pauvre condamné. J'ai toujours eu confiance en elle. Et comment ne l'aimerais-je pas? n'est-elle pas la mère de mon Dieu? »

« Oh! je crois fermement toutes les vérités de l'Eglise! Oh! que je suis dans un grand calme! Je vais bientôt être avec Dieu, être *chez nous*. Mon père, je vais vous attendre; je viendrai vous faire entrer, ou bien je n'y pourrai rien!... »

Puis, rentrant en lui-même : « Je ne suis rien, Dieu seul est tout; tout ce que j'ai est à lui; je n'ai rien; tout ce que j'ai de bon vient de lui seul. Je ne mérite rien; je suis un grand pécheur!... »

Il parla ensuite à l'aumônier d'un jeune homme qu'il connaissait, le priant de tâcher de le ramener à Dieu. « Quelle grande chose ce serait; je croirais avoir beau-

pauvre condamné est accroupi au fond de sa cellule, sombre et pensif.

« Bonjour, mon ami, lui dit-il,

bas; j'ai offensé Dieu, j'ai péché... Mais Dieu est bon, *née du Chrétien.* « Les soldats, disait-il, devraient tous avoir ce petit livre-là et ne le jamais quitter. Si je l'avais lu toute ma vie, je n'aurais pas fait ce que j'ai fait et ne serais pas où je suis !... »

Le moment de l'exécution approchait. La voiture était arrêtée depuis assez longtemps; les troupes se rangeaient en deux longues haies dans la plaine de Vincennes.

L'aumônier présenta le crucifix à Herbuel. Il le prit avec transport, et, le regardant avec une tendresse inexprimable, il disait doucement et à plusieurs reprises: « Mon Sauveur! oui, le voilà bien!... Mort pour moi! et moi aussi, je vais mourir pour vous ! » Et il baisait la sainte image.

Il embrassa à plusieurs reprises son confesseur, qui l'exhortait à unir ses derniers moments à ceux de son divin Maître. « Oui, oui, je le fais, répondait-il, Jésus, Marie!... Je l'ai répété toute la nuit... Dans quelques minutes le jugement particulier... mais j'espère... »

Tout était prêt. On descendit: la sentence fut lue par un officier supérieur. Herbuel demanda qu'on lui

comment allez-vous ?... mieux que ce matin, je l'espère ; car vous n'êtes plus maintenant dans le doute et l'indécision ; votre parti est pris, j'en ai la confiance.

— Oui, dit Prudhomme en riant, mon parti est pris et bien pris..., mais

laissât commander son feu et rester sans bandeau. On le lui accorda.

« J'ai eu le courage du crime, il faut que j'ai celui de l'expiation. ».

Il reçut à genoux la dernière bénédiction du ministre de Jésus-Christ, il se plaça devant le piquet de soldats qui allait le fusiller. — « Camarades, s'écria-t-il d'une voix forte, je meurs chrétien. Voici l'image de Notre-Seigneur Jésus-Christ; regardez-la bien, je meurs chrétien. » — Et il leur montrait à tous le Crucifix. — « Ne faites pas ce que j'ai fait ; respectez vos supérieurs. Je pardonne à tout le monde. »

Son confesseur l'embrassa une dernière fois; il commanda son feu avec une voix aussi forte que s'il se fût agi d'un autre. La détonation terrible eut lieu ; le corps tomba, la tête était fracassée, et Herbuel parut devant Dieu.

pas du tout dans votre sens. J'ai pensé, j'ai réfléchi, comme vous me l'avez dit; eh bien! je veux mourir comme je suis...

— Mon frère, et en réfléchissant avez-vous prié? vous êtes-vous adressé à la sainte Vierge?... Où est le crucifix que je vous ai laissé ce matin?... et votre médaille, qu'en avez-vous fait?

— Oh! je me suis débarrassé de toute cette quincaillerie là; et je ne veux plus qu'il m'en soit parlé. »

Le prêtre cherche, et retrouve la petite médaille avec le crucifix; il les lui fait reprendre en lui expliquant tout ce que ces objets peuvent lui apporter de consolations, surtout l'image de Jésus-Christ; monté, comme il va le faire demain, sur le plus ignominieux des échafauds, et cela pour le salut des hommes et le sien en particulier. Rien ne peut l'ébranler; il repousse tout.

« Cependant, mon cher Prudhomme, je vous avais destiné un petit souvenir; me ferez-vous l'affront de ne pas l'accepter? C'est ce petit chapelet que je vous donne jusqu'à votre mort; cette croix a reçu déjà le baiser de bien des mourants; le chapelet vient d'une personne bien pieuse, bien charitable, morte en odeur de sainteté. Oh! je vous prie, baisez-là aussi cette croix, et vous en serez consolé. Vous allez aussi réciter cette belle prière à la sainte Vierge, le *Souvenez-vous*...

— Oh! pour cela c'est un peu fort; vous êtes en vérité comme un enfant; il faut vous contenter sur tout, sans jamais pouvoir y réussir. »

Il se mit alors à lire la prière tout bas.

« Mon ami, ce n'est pas ainsi que je vous le demande ; il faut la réciter à haute voix ; et vous serait-il trop pénible de vous agenouiller avec moi ?... vos fers ne vous gênent-ils pas trop ? ... vous le savez, devant les grands on s'incline, et Marie est la mère de Dieu !... »

Sans rien répondre, le condamné se lève, ôte son bonnet et se met à genoux ; puis il récite au galop la prière, se relève, et se remet sur son lit.

« Eh bien, monsieur l'abbé, dit-il en riant, êtes-vous content ? »

Le prêtre l'engage alors à purifier sa conscience et à obtenir de Dieu le pardon de sa vie passée en faisant l'aveu de ses fautes.

« Eh ! croyez-vous que ce soit le récit de mes fautes qui puisse m'arrêter si j'avais la volonté de me confesser ? pour vous prouver que je n'ai pas peur, la voici, ma confession....» Et il fit l'histoire de sa vie, et de ses péchés en peu de mots.

« Que voulez-vous de plus?... me voilà confessé, n'est-ce pas une affaire faite pour vous?

— O mon ami, si vous ne voulez plus que je vous parle, laissez-moi du moins parler de vous à Dieu et à Marie; vous, pendant ce temps, baisez votre croix et tenez toujours votre chapelet. » Et tombant à genoux près du condamné, le ministre de Dieu prie avec larmes. Puis, sans se relever,

« Mon ami, lui dit-il, je ne veux pas vous faire de peine; mais je vais demeurer à genoux près de vous, et ne point me relever jusqu'à ce que vous vous y soyez mis vous-même pour réciter encore une fois le *Souvenez-vous*, et aussi, je ne le vous cache pas, pour confesser vos péchés comme Dieu le demande.

— Dieu, ma foi, ne se mêle pas de cela. Que l'on se confesse à Dieu et qu'on lui demande pardon, bien, c'est ce que j'ai fait; mais le faire à un homme, c'est usurper le droit de Dieu, c'est l'offenser.

— Allons, mon ami, ce n'est pas de la discussion qu'il faut au pied de l'échafaud. Mais laissez-moi vous distraire par quelques traits d'histoire. » Il lui expose alors, en manière d'histoire, l'institution de la confession dans l'Evangile, et lui conte aussi l'histoire de l'enfant prodigue, faisant surtout ressortir en lui la confession de ses torts à son père.

Le condamné parut écouter attentivement.

« Maintenant, mon cher Prudhomme, que je vous dise une autre histoire ; je ne l'aie pas lue dans les livres, mais elle m'est arrivée à moi-même dans la ville de Douai, dans une rue que je viens de traverser pour me rendre près de vous. Ecoutez-la bien, et vous me direz si Dieu ne se mèle pas de la confession surtout quand on est prêt de paraître devant lui.

» Il y a déjà quelques années, la sœur Emilie de Saint-Vincent de Paul vint sonner chez moi et me dit : M. le vicaire, je vous prie, allez vite telle rue, telle numéro ; la femme L.... va mourir. »

» Aussitôt, sur mon calepin, je marque le nom et le numéro, c'était le n° 49, et je pars. Mais voilà qu'en chemin j'oublie le n° 49 pour le n° 19, où je vais m'adresser. Je demande la malade, comme on le pense bien, on ne sait ce que je veux dire. Je m'avance au quartier de derrière, personne ne connaît de malade.

« Vous vous trompez, me dit-on...

— C'est bien pourtant le n° 19 ?

— Oui, monsieur.

» » Eh bien ! c'est ce que je veux. »

» On me conseille en ce cas de monter aux locataires du premier étage : là, comme ailleurs, pas de malade. Je pense enfin à la possibilité d'une erreur ; je veux constater le fait sur mon calepin ; mais le corridor est si noir, que je ne puis lire. Du reste, me disais-je, je sais que c'est 49. Au milieu de cet embarras, j'entends quelqu'un descendre du second ; c'était une enfant de dix ans environ.

« Ma petite, lui dis-je, il y a une malade ici, n'est-ce pas ?

— Oui, M. le vicaire.

— Menez-y-moi, mon enfant. »

» Je la suis à une porte peu éloignée ; j'ouvre, je vois effectivement un lit, une femme malade, et un monsieur, assis à côté, renversé sur sa chaise, les jambes croisées, et un livre en main.

« Je vous salue, M. L..., comment va la malade ?... »

Il paraît tout interdit, et sans se déranger,

« M. le curé, dit-il, je ne me nomm pas L...., vous vous trompez.

— C'est possible, monsieur, mais

c'est bien ici que je suis appelé?...

Et par qui, s'il vous plaît, M. le curé?

— Par la sœur Emilie.

— Je ne connais pas plus la sœur Emilie que je n'ai l'honneur de vous connaître, monsieur; je suis étranger. »

» Interdit moi-même à ces mots et surtout à ce ton, je tirai mon calepin de ma poche, et quelle n'est pas ma surprise de voir que mon adresse est non pas le n° 19, mais 49. Je prie alors ce monsieur de vouloir se laisser toucher par le fait de mon erreur, trait frappant de la bonté de Dieu envers sa femme. Je lui parle de la confesser et de l'administrer....

« La confesser?... dit-il..., mais monsieur, elle s'est confessée, il y a dix ans, à son mariage, n'est-ce pas assez? »

» Touché moi-même, ne sachant que lui répondre, je me contente de le prier de daigner me laisser seul avec la malade un instant. Il cède enfin, à la condition que cela sera bientôt fait.... Je m'approche alors de la malade ; au coin de son lit j'aperçois un vieux chapelet, n'ayant plus que quelques grains usés, le seul signe de religion qu'il y eût dans cette chambre.

« Oh ! c'en est assez, me dis-je, pour voir ici un trait de Marie. La bonne femme s'en servait quelquefois. »

» Quoique mourante, elle se confessa avec une grande contrition, reçut l'absolution et le sacrement de l'extrême-onction ; et je la quittai au plus tôt pour courir au numéro 49. J'y trouvai aussi une malade à l'extrémité, je lui administrai les sacrements de pénitence et d'extrême-onction, et je repartis en toute hâte à l'église de St-Pierre, afin de porter le très-saint Sacrement aux deux moribondes. J'arrive bientôt au numéro 19. Je monte; hélas! que vois-je? la pauvre malade venait de rendre le dernier soupir.... Je ne puis rendre ce qui se passa en moi; la résurrection d'un mort ne m'eût pas fait plus d'impression. J'allai au numéro 49, où je pus administrer la sainte Eucharistie.... »

« Eh bien, mon cher Prudhomme, voilà comme Dieu ne se mêle pas de la confession, comme c'est usurper ses droits! voilà ce qu'il a fait pour procurer le bienfait de la confession à cette âme avant qu'il la retirât de ce monde, et c'est ce qu'il fait en m'envoyant près de vous avant ce jour terrible de demain ! Que répondrez-vous si vous n'en profitez pas ? quelle excuse donnerez-vous de votre refus ?... »

Le malheureux prêta une grande attention et parut profondément touché de cette histoire.... Il garda le silence, baisa la croix du chapelet ; puis il dit :

« Tenez, M. l'abbé, je crois à cette histoire, et cela me frappe. On devrait la mettre dans les livres ; il y en a tant d'insignifiantes auprès de celle-là, cela ferait bien !...

— Et à vous, mon ami, ne souhaiterez-vous pas que cela fasse du bien.... avant tout du bien à votre âme pendant toute l'éternité !

— Ah ! pour moi..., non, dit-il en soupirant profondément..., je ne veux pas... Ne vous occupez plus de moi, comme je vous l'ai dit : c'est inutile...

— Allons..., je vous prie, baisez cette croix. »

Il la baise.

« Maintenant, quoique assis, récitez également cette prière : *Souvenez-vous.*

— Je l'ai déjà récitée..., c'est assez d'une fois.

— O mon bien cher ami, encore une fois, je ne veux pas vous importuner ! je vais encore vous intéresser par une lecture dans ce livre : *Le Dimanche des soldats.* Je vais vous lire l'histoire de l'exécution du sergent Herbuel. Je vous prie, écoutez bien, que ce soit demain votre propre histoire. » Et il lui lut ce récit édifiant tel que nous l'avons donné plus haut.

Prudhomme en parut très-ému.... il eut même un instant les yeux pleins de larmes...

« O mon ami! n'est-ce pas du courage? C'est qu'il s'était confessé... C'était la religion qui le soutenait.... Que serez-vous sans elle, demain... Que voulez-vous que je vous dise demain, si vous restez ennemi de Dieu!... Hélas! vous conduire ainsi à l'échafaud c'est conduire une âme à l'enfer, et notre mission ce n'est pas de conduire là les âmes, mais bien au ciel! Voilà la mission du prêtre... Et vous me demandez pour vous conduire à la mort, et vous voulez un prêtre à vos côtés sur l'échafaud?... Non, à jamais non, vous n'en aurez pas; appelez près de vous Voltaire ou Jean-Jacques... appelez votre philosophie...., mais moi, je ne viens pas... »

Et les larmes du prêtre coulaient inutilement devant ce cœur endurci...

Enfin, après un instant de silence,

« Mon ami, je vous prie, lui dit-il, soyez donc courageux comme le sergent Herbuel, et vous serez heureux à jamais.... Il n'y a pas à différer, il faut que vous mourriez comme lui !

— Ah ! ma foi, dit-il en gémissant, il est bien heureux, mais s'il a eu son idée et sa manière de mourir, moi demain j'aurai la mienne qui la vaudra bien.

— Laissez-là, mon frère, toutes ces idées ; si elles ne vous ont pas fait vivre heureux, vous rendront-elles heureux à la mort ? croyez-moi, mettez-vous à genoux, déchargez le fardeau de vos fautes, et vous serez alors véritablement heureux... Essayez, mettez-vous à côté de moi, et récitez cette prière.

— Je vous le répète, non !...

— Dites-seulement : *Je vous salue, Marie*, etc.... »

Pas de réponse.

« Je vous prie, seulement un signe de croix.... »

Il se tait. Puis un peu méchamment :

« Je vous le répète, tout cela ne signifie rien. »

De nouveau sans se décourager, car le malheureux tenait toujours son chapelet dans ses mains, le ministre de Dieu lui parle de la bonté divine envers les pécheurs repentants, de sa justice envers les impénitents... Il le conjure, il le presse... Il lui peint le bonheur du ciel, d'où il s'exclut lui-même, le malheur de l'enfer où il se précipite volontairement....

Et le malheureux Prudhomme paraissait de plus en plus rêveur, ne répondant plus à rien, semblant même ne plus rien écouter. Quelque chose paraissait travailler dans son esprit et l'absorder tout entier. Son visage avait pris je ne sais quoi de sinistre ; ses yeux roulaient dans leurs orbites, ses traits se rembrunissaient, et son attitude était devenue menaçante.

Le prêtre s'en aperçoit : « Va-t-il donc, se dit-il, entrer en fureur ?... Se dispose-t-il à me sauter à la gorge Qu'importe le ministre de Dieu prie, il espère. Tout à coup, comme s'il se fût éveillé subitement, le condamné se lève, jette bas son bonnet :

« Mon père, dit-il, je suis à vous ! que voulez-vous que je fasse ? »

Alors le bon prêtre, hors de lui-même, lui prend la main.

« C'est m'embrasser qu'il faut, dit-il, c'est vous mettre à genoux, et réciter cette prière le *Souvenez-vous.* »

Il s'agenouille aussitôt, et commence.

A peine a-t-il récité quelques lignes que les sanglots viennent étouffer sa voix, il ne peut continuer. Il pleure, il fond en larmes. Enfin il la termine :

« O mon père, dit-il, si vous le voulez bien encore, oh ! écoutez la confession de mes crimes..., et pardonnez à un grand pécheur !... »

Il ne pouvait plus parler, il était ému. Il collait ses lèvres sur le crucifix en demandant pardon à Dieu de ses péchés dans les termes les plus déchirants. Le prêtre sanglotait avec lui, à genoux à ses côtés. Le gardien Bernard, qui en ce moment se trouvait dans le corridor, entendit les sanglots de ce pécheur pénitent, et il ne put lui-même retenir ses larmes quand il vit ce pauvre criminel, tout à l'heure si rebelle à la grâce, et en ce moment à genoux, confessant ses péchés et les pleurant si amèrement... Enfin, ce fut de quatre heures et demie à cinq heures que sa confession fut définitivement terminée et qu'il fut réconcilié avec son Dieu.

Dès lors, ce furent des larmes et des sanglots de bonheur. Il ne se lassait point de serrer contre son cœur et d'arroser de ses pleurs le ministre de Dieu, qui venait, après tant de combats, de le rendre enfin à la paix et à l'amitié de son Créateur. Le prêtre l'invita à se relever.

« Non, mon père, dit-il, laissez ce criminel à genoux. Après ce que j'ai fait à Dieu et ce qu'il vient de me faire, je ne dois plus me tenir autrement en sa présence. Oh! mon père, j'ai tant abusé de vos bontés; mais vous me pardonnez et vous voudrez bien venir me voir encore aujourd'hui; je vous en prie, mon père, ayez pitié de moi! ».

Le prêtre consolé le lui promit avec bonheur, lui serra la main, l'embrassa encore une fois, et le laissa seul à genoux pleurant et priant.

Son confrère Eugène était déjà informé de ce miracle de la grâce, quand le prêtre sortit. Impossible de dépeindre la joie qu'il en ressentit. M. l'aumônier le sut aussi au même moment dans la prison d'Eugène, d'où il s'était rendu depuis quelque temps; en un instant toute la prison fut pleine de cette nouvelle, et personne ne pouvait y croire. La vue d'un miracle n'eût pas fait plus d'effet; c'en était un du reste, et des plus étonnants, de la puissance et de la miséricorde de Dieu, à qui il eût été bien plus facile de faire jaillir de l'eau d'un rocher que d'arracher une larme de contrition et de repentir de ce cœur obstiné et endurci. Pendant cet intervalle, après avoir longtemps pleuré et prié, Prudhomme voulut, avant la fin de cette belle journée, instruire lui-même ses confrères de sa conversion. Il chercha quelques débris de papiers, et il traça ces lignes à Eugène d'abord.

« Mon cher frère,

« Oh! pardonne-moi. J'ai par respect humain insulté à ta conversion. Oh!

que je voudrais avoir commencé en même temps que toi, afin que Dieu me pardonne plus aisément! Mon frère, j'ai reçu aujourd'hui l'absolution de mes péchés et je suis réconcilié avec Dieu. Courage, mon frère; demain nous paraîtrons devant le souverain Juge, qui nous dédommagera des peines de cette vie. Oh! oui, il nous pardonnera, il nous fera grâce. A demain, mon frère! Dans le séjour éternel nous recevrons le prix de notre repentir et de notre courage. Pardonnons, oh oui, car Dieu nous a pardonné. Nos souffrances seront bientôt terminées. Oh! que je voudrais l'avoir pratiquée cette sublime religion! Mais si je ne l'ai fait depuis notre condamnation, c'était la crainte d'être taxé d'hypocrisie. Ainsi, mon frère, courage; demain nous reposerons dans le séjour de la gloire. Prie pour moi. A demain ! »

Il écrivit en même temps à Derivières, dont il savait la peine commuée, et voici en quels termes il lui fait part de son bonheur :

« Mon ami,

» Oh ! je t'en prie, ne me refuse pas ce nom. Te le dirai-je ?... oh ! oui ! car je le dois.... Eh bien, oui, j'ai cédé aux sollicitations de ce bon prêtre et je lui ai confessé mes péchés. Oh ! mon ami ! n'attribue pas cela à ma faiblesse. Oh ! non ! je suis fort, car Dieu m'a pardonné. Oh ! si tu savais combien maintenant je suis consolé ! quel fardeau est tiré de ma conscience ! Déjà depuis longtemps, malgré mes sarcasmes contre la religion, je la révérais dans mon cœur; car elle est la consolation des affligés.... Oui, cette religion que j'ai blasphémée.... je l'adorais toujours dans mon cœur. Dieu est bon et miséricordieux.

» Ainsi, mon ami, tu vis; j'en ai l'assurance. Oh! écoute-moi bien! écoute les dernières paroles d'un ami qui va mourir demain: examine bien les dogmes de la religion avec droiture, et tu seras convaincu de son efficacité! Car d'où venait le tourment qui nous torturait sans cesse? ce n'est pas celui de la mort; mais la crainte d'une autre vie. Eh bien! maintenant que j'ai déchargé ma conscience, je suis en paix; car avant je n'y étais pas. Oui, demain à cette heure, je serai absous par la grâce divine : et toi, tu vivras. Ainsi, mon ami, ne me maudis pas, oh ! non ! pense et réfléchis, car la vraie paix est-elle dans la philosophie ? non, l'on n'y trouve qu'amertume, et point de consolation.

» Adieu, mon ami, adieu ! Résigne-toi à la sainte volonté de Dieu ; cherche la vérité, mettant de côté le respect humain, et dans ton malheur tu seras heureux.

» Adieu, ô mon bon frère, adieu pour l'éternité !

» PRUDHOMME. »

Vers le soir, arriva par le chemin de fer M. le vicaire de la maison centrale de Loos. L'appréhension et presque la certitude de trouver Prudhomme toujours dans les mêmes dispositions, ne l'avait pas quitté depuis la dernière visite qu'il lui avait rendue depuis sa condamnation ; aussi, il ne put revenir de sa surprise quand, entrant dans la prison de ce malheureux, il se sentit étroitement embrassé par lui et arrosé de ses larmes; Prudhomme en effet ne savait exprimer sa joie que par ses pleurs.

« Que je suis heureux, diait-il, et que Dieu est bon !.... Oui, je suis tout autre, et je ne me connais plus. »

Cependant le soir était arrivé et le confesseur n'était pas encore revenu.

Il ne se fit plus longtemps attendre; à neuf heures il était à la prison. Prudhomme était alors seul, un livre, *l'Imitation de Jésus-Christ*, son chapelet et son crucifix en main. Aussitôt qu'il aperçut le prêtre, il se leva, et tendant vers lui ses bras pour l'embrasser,

« O mon bon père, s'écria-t-il, que je suis content de vous !.... que je suis heureux, et que je vous remercie !...

» Comme vous voyez, je prie dans l'*Imitation de Jésus-Christ;* la prière est mon bonheur. Puis je considère le crucifix; tout ce que Dieu a fait pour moi et tous les outrages dont je l'ai abreuvé toute ma vie. O mon père ! je sens que Dieu m'a pardonné tout cela, que j'en suis déchargé et qu'il veut bien me faire grâce.... J'ai tant abusé de ses bontés... J'ai si indignement repoussé les conseils et les instructions de M. l'aumônier ! Oh ! je voudrais bien le voir pour lui en demander pardon; dites-lui, mon père, combien je suis désolé de mon obstination à me rendre à toutes ses bontés. Oh! il pardonnera, je l'espère, à un misérable qui avait un bandeau sur les yeux.

» A peine étiez-vous sorti, qu'une pensée est venue m'inquiéter : dites-moi, je vous prie, dans quels sentiments est morte la victime de notre crime, le gardien Jombart! Je crois qu'il a eu encore quelques jours avant de mourir; a-t-il pu se confesser et être pardonné de Dieu?

— Que cette pensée ne vous trouble pas, mon ami, lui répond le prêtre..., le Seigneur lui a accordé six jours de vie. Priez pour lui; pensez à votre propre salut; je vois avec bonheur que vous vous en occupez, et que vous profitez du peu de temps qui vous reste. »

Et le prêtre lui parla de la bonté de Dieu, du mépris du monde, de la mort, et du bonheur de l'autre vie, de la joie qu'il y a dans le ciel pour un pécheur qui se convertit; joie qui existe en ce moment dans le paradis à son occasion, et qui n'aura pas discontinué demain, quand il quittera la vie, et qu'il sera recueilli par les anges qui viendront au-devant de lui, pour l'accompagner jusqu'aux célestes tabernacles !

Et le pauvre condamné ne cessait de verser une abondance de larmes.

« O mon père ! disait-il, cette pensée d'aller ainsi au ciel, de passer aussitôt du malheur du crime au bonheur de la vertu ne peut entrer dans mon esprit, je ne sais la comprendre. Aller au ciel ! ô mon père ! être heureux, être récompensé éternellement! Eh de quoi donc, quand on n'a fait que du mal dans toute sa vie?...

— Eh bien, mon cher Prudhomme, le repentir de l'avoir fait ce mal, c'est un bien, et Dieu en ce moment ne vous en demande pas d'autre pour vous rendre heureux éternellement.

— O mon père, qu'il m'est doux de mourir!... Je fais à Dieu le sacrifice de ma vie. Demain est le beau jour pour nous, le jour de la délivrance. Oh!... je vous le promets, avec la grâce de Dieu, je mourrai avec courage, vous le verrez, et on verra ce que c'est que la religion pour un malheureux qui va mourir sur l'échafaud... Non, je vous assure, je ne serais pas mort en brave;

sans la religion. Quand vous m'avez dit que c'était demain, je me suis senti bien impressionné.... ; maintenant je n'ai plus peur; je mourrai comme le sergent Herbuel... (Puis baisant le crucifix) : Voilà ce Sauveur mort pour moi sur l'échafaud; Lui il était innocent, et moi je l'ai mérité; mais il m'a pardonné, il me donnera du courage jusqu'à la fin.

» J'ai encore une chose à vous demander, mon père, une chose dont vous ne m'avez point parlé, et à laquelle je pensais tout à l'heure. Ne pourrais-je pas recevoir Jésus-Christ dans la communion? je ne demande plus que cette grâce et ce bonheur avant de mourir... Cela me donnerait tant de courege ; et il y a tant d'années que je ne l'ai pas reçu ! Je ne le mérite pas, je le sais; mais Dieu, qui me donne tant de consolations, pourrait-il me refuser celle-là, la dernière de toutes ?...

— Oh! je l'espère, mon ami.... préparez-vous-y avec soin; cependant ne restez pas levé, couchez-vous tout à l'heure, et endormez-vous dans le Seigneur. Demain matin, ce sera Dieu qui viendra vous éveiller pour se donner à vous, je l'espère....

— Merci mille fois, mon père.... Oui, je vais me coucher, car je suis fatigué; et je vais passer la plus belle nuit et dormir d'un sommeil que je n'ai jamais connu...; ma conscience est en paix.... A demain donc, ô mon père! à demain le beau jour où finiront mes maux, le jour de la délivrance, où commencera pour moi le bonheur.... Merci, mon père, à demain !... »

Puis il baisa le crucifix, et embrassa tendrement son confesseur, qui le quitta.

# CHAPITRE III

Départ de Douai. — Voyage et arrivée à Loos.
Exécution.

Le lendemain, les deux prêtres qui, en compagnie de M. l'aumônier, devaient accompagner les deux condamnés, sonnaient à la porte de la prison; il était une heure et demie du matin. Ils entrent, restent un instant dans la première cour, et sont bientôt joints par M. le directeur, M. l'aumônier et le gardien-chef.

Il fut décidé qu'on ne priverait pas le pauvre Prudhomme du bonheur de la communion. On fit donc porter dans sa chambre une table et tout ce qui était nécessaire pour l'administration du sacrement... Le condamné était endormi du plus profond sommeil.

« Que j'ai passé une bonne nuit! dit-il en s'éveillant; je ne me souviens pas d'avoir si bien dormi... Que l'on repose en paix sur une bonne conscience!... Maintenant j'éprouve la vérité de ce que m'a dit M. l'aumônier; je n'avais pas l'idée de ce bonheur. Oh! quel poids on m'a ôté de la conscience! vive le jour de la délivrance!... » Puis il baise affectueusement son crucifix, se lève aussitôt et se met à genoux pour prier et se préparer au bonheur de recevoir son Dieu

Eugène aussi de son côté s'était endormi du plus profond sommeil. On fut forcé de le secouer assez longtemps pour l'avoir éveillé.

« Je me suis couché tard hier, dit-il en se frottant les yeux, j'ai travaillé jusqu'à onze heures, aussi dormais-je de tout mon cœur.... Le voilà enfin arrivé ce jour de délivrance qui va terminer mes peines et me rendre heureux pour toujours! » Il se leva, fit sa prière et se disposa au départ.

Pendant ce temps, on était allé prendre le très-saint Sacrement pour donner la communion à Prudhomme. M. le directeur, M. Amans et quelques gardiens assistèrent à cette cérémonie et furent profondément édifiés des dispositions de Prudhomme.

« O mon Dieu, disait-il, vous m'avez accordé de vous recevoir avant de mourir, quelle plus grande assurance puis-je avoir de votre bonté à me recevoir bientôt dans votre paradis?.... Vous avez dit au malfaiteur mort à vos côtés, qu'il serait avec vous dans le ciel; vous en faites plus pour moi, vous me donnez en ce moment et votre parole et Vous-même, ô mon Dieu! » Et il pria tout le temps jusqu'au moment de partir.

En passant devant le prison de Derivière, il demanda à M. le directeur la permission de lui faire ses adieux. Ce qui lui fut accordé.

« Mon ami, lui cria-t-il par la grille, mon frère Derivière!.... » On entendit alors le malheureux traînant ses fers, s'approcher de la porte et répondre par ses sanglots : « Adieu, mon pauvre frère Derivière, continua Prudhomme, nous allons à l'éternité, et toi tu restes... Oh! ne te désole pas; cherche à te consoler dans la religion, tu t'en trouveras bien; aime Dieu, mon frère, et tu seras heureux dans ton malheur. Adieu, cher frère; nous t'attendrons au ciel, n'y manque pas, suis mon conseil....

— Adieu, mes amis, lui fut-il répondu du fond de la sombre prison par une voix tremblante et étouffée par les pleurs.... adieu, mon frère. Oh! vous êtes heureux, vous autres, et moi je reste seul, malheureux toute ma vie, réduit à gémir encore dans les prisons et dans les fers... C'est votre jour de délivrance, pour vous; et moi, c'est le premier jour de mes plus grands malheurs. Oh! pensez à moi.. à votre malheureux frère.... » Et ils se pressèrent le doigt à travers les quelques trous de la grille en fondant en larmes.. « Adieu, frère Derivière... adieu pour l'éternité! » Et il ne put répondre que par ses sanglots redoublés.

Les deux condamnés se retrouvèrent à la sortie de la prison. Heureux de se revoir, ils s'embrassèrent plusieurs fois, acceptèrent un peu de vin avec un gâteau, et montèrent en voiture à trois heures et demie, accompagnés de M. l'aumônier de la prison, de M. Baron, vicaire de Saint-Pierre, et de M. Vandenbussche, aumônier de la prison de Loos. Avant que la voiture se mit en marche, ils voulurent serrer la main de M. le directeur, du gardien-chef et des principaux employés, les remercièrent de leur humanité, et puis fermèrent la portière.

« Allons, mon frère, dit alors Prudhomme à Eugéne, nous voilà enfin en route pour l'éternité; c'est du courage qu'il faut. Dieu nous en donnera, je l'espère; il est si bon! il nous a pardonné nos péchés, et il va nous rendre heureux. » Puis, prenant en main le crucifix, il le baisa affectueusement.

« Tiens, Eugène, baise-le aussi; il te donnera du courage. Il m'a rendu si heureux depuis hier!.... »

Pendant tout le voyage, qui se fit dans une voiture de louage, ils montrèrent une résignation, un calme, une sérénité qui étonnèrent et touchèrent profondément ceux qui en furent témoins.

Le ciel commençait à s'éclairer des rayons de l'aurore, et sa voute azurée et sans nuage présentait un des plus beaux spectacles de la nature.

« Quel beau ciel, s'écria Eugène, qu'il y a longtemps que nous n'avons joui d'un tel spectacle!.... mais c'est pour la dernière fois.

— Frère, ne le regrette pas, répondit Prudhomme; si ce monde te paraît si beau, qu'est-il auprès de ce monde là-haut? La terre c'est le palais des hommes, le ciel c'est le palais de Dieu. Patience, va, mon frère; encore quelques heures de patience, et nous y serons. Adieu la misérable vie de la terre; vive le Ciel! »

Puis c'était le soleil paraissant peu à peu à l'horizon, chassant devant lui les ombres de la nuit, et répandant avec majesté ses premières clartés au ciel et sur la terre. Ce nouveau spectacle les ravit et fut longtemps le sujet de leur admiration et de leurs entretiens; mais la pensée du ciel ne quittait point leur esprit.

« Bientôt, se disaient-ils, nous jouirons non plus de ces choses, mais de Celui qui les a faites de rien !... nous serons devant le Soleil qui ne se couche pas. »

La campagne avec ses diverses productions, les mille espèces de plantes qui passèrent sous leurs yeux, les nombreuses récoltes avec leurs riches espérances, tout prêta matière à leur curieuse et intéressante conversation. Le plus souvent cependant, c'était sur des questions religieuses qu'ils s'expliquaient d'une manière qui annonçait chez eux des connaissances et une intelligence peu ordinaires. Quiconque ignorant leur position les eût vus et entendus causer ainsi tranquillement, le sourire sur les lèvres, les eût pris non pour des malheureux que l'on conduisait à la mort, mais pour des personnes partant pour un voyage d'agrément,

A Pont-à-Marcq ils descendirent un instant, puis remontèrent et prirent dans la voiture une légère réfection, sans se montrer gênés de l'importune et humiliante curiosité de la foule qui accourut se presser autour d'eux.

On repartit pour Loos et les deux condamnés continuèrent d'être jusqu'à la fin d'une admirable résignation, je dirai plus, d'une douce gaîté, baisant sans cesse leur crucifix, leur chapelet et leur médaille.

Ils s'amusèrent encore quelques instants avec une petite lunette à longue vue à contempler au loin les bourgs, les clochers et les campagnes; et quand apparurent les moulins de Lille, ils procédèrent au partage de quelques souvenirs qu'ils prièrent M. l'aumônier de Loos de remettre en leur nom à certains de leurs camarades prisonniers; souvenirs les plus propres à marquer leur retour à Dieu, et consistant en croix et en médailles.

« Vous leur direz, s'il vous plaît, M. l'aumônier, toute la signification de ces objets que nous leur donnons; qu'ils les gardent toujours pour se consoler dans leur malheur par la religion, et qu'ils se souviennent bien de notre exemple et du bonheur que nous a procuré à la mort notre réconciliation notre réconciliation avec Dieu.

— Tout est donc dit, dit Eugène; nous n'avons plus rien sur la terre. Notre corps va être mis à la disposition de la justice humaine, et notre âme va, en même temps, être rendu à Dieu. Il ne nous reste que le bien que nous avons fait... En avons-nous fait?

— Pour toi, Eugène, répondit Prudhomme, tu as eu le temps de faire du bien; tu en as fait depuis le temps que tu es converti; et moi, hélas! je ne suis à Dieu que depuis quelques heures!... et quand j'irai à lui, il n'y aura pas vingt-quatre heures que j'étais encore son ennemi; cela me perce le cœur. Que je voudrais avoir commencé avec toi, Eugène! quel bonheur pour moi ! mais Dieu veut bien de mon repentir..... Et vous m'avez dit, mon père, en s'adressant à son confesseur, que c'était à ses yeux un bien qu'il récompenserait. C'est ce qui me ranime. »

Ils s'entretinrent ensuite d'une manière bien attendrissante du sort de leur victime, du malheur de cette famille dont ils avaient tué le chef.

« J'ai fait mon testament, dit Eugène, en faveur de ses enfants ; je serais heureux qu'il pût être exécuté et que les quelque cents francs qui me reviennent pussent leur venir en aide. »

Cependant on s'approchait de Lille ; les chevaux, fouettés avec vigueur, traversèrent d'un pas rapide le faubourg des Moulins ; on fut bientôt arrivé à Wazemmes. Les condamnés ne purent cependant être dérobés entièrement aux yeux avides des curieux; l'heure connue de l'exécution, la vue des deux gendarmes par-devant et dans l'intérieur, des prêtres à chaque portière de la voiture, tout cela n'avait pas manqué d'attirer beaucoup de monde sur leur passage. Un grand nombre d'hommes et surtout de femmes suivaient la voiture. A les voir ainsi courir avec précipitation, s'exposant même à être blessés, on ne pouvait s'empêcher d'éprouver une impression pénible. On voulut dérober le triste tableau de cette inconvenante curiosité aux yeux des condamnés, en tirant les rideaux des fenêtres; mais les courageux jeunes gens ne le voulurent point.

« Nous allons payer une dette à la société, disaient-ils, il n'y a pas de mal à ce que toute cette foule vienne être témoin et s'assurer de notre loyauté et de notre courage. »

En ce moment, arrivèrent à cheval, à la rencontre des condamnés, plusieurs gendarmes de la maison centrale de Loos. Ils dissipèrent un peu la foule, et vinrent escorter la voiture, qui à leur approche s'arrêta un instant. Au même moment, les fenêtres s'ouvrirent, plusieurs mains chargées de chaînes s'avancèrent audehors et serrèrent amicalement la main à quelques gendarmes.

« Vous êtes donc des connaissances? leur demanda-t-on.

» Oh! oui, répondit Eugène, et très-grandes; ce bon gendarme-ci est celui qui m'amena la première fois à Loos. »

Puis les gendarmes se rangèrent, on forma et l'on se remit en marche.

Bientôt apparaît la grande porte d'entrée de la maison centrale de Loos. On s'y dirige au galop, on entre, et l'on voit s'élever, devant la première porte intérieure, au milieu de la foule réunie, la fatale machine, la guillotine! Ici la contrainte presque fut employée envers nos deux pauvres condamnés pour détourner leurs yeux de cet horrible spectacle; mais il fut impossible de les retenir: ils se levèrent, s'avancèrent par la portière, et considérèrent avec le plus grand sang-froid cet affreux appareil, les marches par où ils allaient monter, la planche préparée pour les recevoir et l'ouverture par laquelle leur tête devait aller chercher le coup qui les délivrerait enfin des peines de la vie et les mettrait en possession d'un bonheur éternel. C'est ainsi qu'ils s'exprimaient entre eux.

On passa la porte intérieure, on entra dans la cour, la voiture s'arrêta, et l'on descendit au milieu des gendarmes, des hussards et des soldats de la ligne, pour se rendre dans le parloir de la maison; il était sept heures trois quarts. Là, on présenta des chaises aux condamnés, qui les acceptèrent et se placèrent près d'une table recouverte d'une nappe blanche; les quatre ecclésiastiques, deux de Douai et deux de la maison, s'assirent à leurs côtés, avec deux gendarmes qui se tinrent debout. Ils burent un peu de vin, remirent ce qui restait des provisions qu'on leur avait données, en demandant qu'elles fussent distribuées à leurs camarades de prison. On leur promit de les remettre aux convalescents, et ils en parurent satisfaits.

Prenant ensuite le crucifix, ils le baisèrent avec une profonde piété, le posèrent devant eux sur la table et se mirent à causer ensemble.

« Eh bien, mon frère, dit Prudhomme, le voilà donc venu ce moment de passer à l'éternité!... oui! l'éternité! je puis sans trembler prononcer ce mot maintenant que je suis pardonné de Dieu; il ne me fait plus peur... Et toi, Eugène, comment te trouves-tu?

— Moi je vais te dire la vérité.... J'éprouve quelque chose... Mourir, c'est bien quelque chose, quand on ne l'a jamais fait... Eh! pour te l'avouer, j'éprouve un sentiment indicible de crainte à la pensée de ce moment; et, si ce sentiment de la nature n'était pas dominé par un autre sentiment plus fort, oh! j'aurais grand peur de mourir en lâche... Cet autre sentiment c'est celui de la religion; voilà ma force, vois-tu. Mourir! oh! c'est quelque chose.... mais mourir, c'est-à-dire quitter la plus malheureuse des vies pour être heureux à l'infini et toujours... oh! ce n'est plus rien de mourir alors, il n'y a qu'un passage fort court de souffrances à traverser, et nous en avons déjà traversé de si longs!

— Eh bien, moi, reprit Prudhomme, pour te dire vrai, j'ai éprouvé quelque chose ce matin au départ; mais je venais de recevoir le Dieu de force; cela a donc passé, et maintenant je suis aussi calme qu'il est possible de l'être. Mon cœur ne bat pas plus vite. S'il vous plaît, mon père, dit-il à son confesseur, mettez là votre main: comme à Louis XVI, quoiqu'il fût innocent et moi coupable, mon cœur en ce moment ne bat pas plus que le sien. »

Puis prenant le crucifix,

« Voilà, dit-il, Celui qui me soutient; il est bien bon, il m'a pardonné! »

Puis il le baise et le replace sur la table.

Eugène fit une réflexion à propos de l'échafaud où ils allaient subir leur peine.

« Sur l'échafaud, reprit Prudhomme, est-ce que tout ce qu'il y avait en France de plus digne et de plus honorable n'y a pas monté en 93?... oui, il a été rougi du sang le plus pur avant d'être rougi du nôtre; de nobles personnages, de grands courages et de grandes vertus y ont monté; un grand et saint roi, Louis XVI, y a péri....

— Dis plus, reprit Eugène, un

Dieu y a monté et y est mort... Eh bien, montons-y aussi.... et mourons, sinon avec le mérite du bien, du moins avec le repentir du mal..... qu'avons-nous à craindre quand Dieu nous a pardonné?... » Et ils continuèrent à s'entretenir dans ces pensées....

Dès leur entrée dans le parloir, on leur avait ôté les menottes; un des ecclésiastiques, placé près de Prudhomme, apercevant ses poignets tout meurtris :

« Eh bien, mon cher ami, qu'avez-vous donc?... Vos menottes ne vous faisaient pas mal, me disiez-vous dans la voiture, et voilà vos poignets tout en sang.

— Ah! mon père, ce n'est rien; c'est une bien petite pénitence...

— L'enflure de mes jambes, occasionnée par mes fers, ne m'inquiète pas davantage, répondit Eugène en souriant. Notre corps ce n'est plus rien... Notre âme, voilà le tout... »

Un instant après, on entendit le tintement de la cloche.

« Que sonne-t-on, demandèrent-ils, est-ce l'heure de l'exécution ?

— Non, mes amis, leur fut-il répondu; c'est pour réunir tous les détenus à la chapelle afin qu'ils prient pour vous.

— Oh! si nous pouvions aller aussi à la chapelle! quel bonheur ce serait pour nous d'assister encore une fois à la messe! Ne voudrait-on pas nous accorder cette grâce?

— Mes amis, faites-en le sacrifice, je vous prie, ce serait impossible; et d'ailleurs ce n'est pas une messe qu'on va dire, mais seulement quelques mots d'exhortation qu'on va leur adresser.

— Eh bien, M. l'aumônier, dites leur bien notre repentir; faites-leur pour nous nos derniers adieux, et assurez-les que nous les engageons à recourir à la religion dans leur malheur; ils en seront heureux. Dites-leur que tout notre courage, tout notre espoir, tout notre bonheur est en ce moment dans le crucifix, et qu'ils n'oublient jamais leurs malheureux confrères qui vont mourir sur l'échafaud. »

Ils témoignèrent ensuite le désir de voir M. le directeur et les principaux employés, auxquels ils demandèrent pardon.

« Je vous prie, dit Prudhomme à M. le directeur, de dire aux détenus que je les conjure de profiter de notre exemple et de ne pas nous imiter; qu'ils respectent leurs supérieurs, fuient les mauvais conseils, et subissent leur peine avec docilité et résignation.... Nous prierons pour eux. Et nous vous conjurons aussi, M. le directeur, d'avoir pitié de ces malheureux, qui dans le cœur ne sont pas aussi méchants qu'on le pense. »

M. le directeur reçut leur repentir, leurs aveux et leur dernière prière avec beaucoup de bonté et d'émotion, et toucha profondément les condamnés et tous les assistants par le peu de mots qu'il leur répondit.

On annonça ensuite quelques officiers de hussards qui désiraient voir les deux jeunes gens.

« Entrez, messieurs, répondit Prudhomme, entrez; vous verrez deux malheureux condamnés à mort, pleins de courage et de résignation. Ils ont eu le malheur d'oublier leur Dieu, voilà ce qui les mène à l'échafaud. Ne faites pas comme eux; pratiquez la religion, et vous vivrez heureux, et vous mourrez honorablement. Dans notre triste position, messieurs, voilà ce qui fait notre consolation et notre courage : le crucifix! »

Ces braves militaires n'eurent pas ſous la force de tout entendre; ils sortirent aussitôt; un seul, qui paraissait excellent jeune homme, resta jusqu'à la fin.

Ayant encore en ce moment entendu sonner la cloche, ils réitérèrent plus vivement que jamais leur grand désir d'assister à une messe, comme dernière faveur qu'ils réclamaient avant de marcher à la mort; ils firent appeler M. le directeur[1], et lui en adressèrent eux-mêmes la demande dans les termes les plus attendrissants. M. le directeur s'en montra touché, sortit aussitôt pour le demander, et n'eut pas le courage de rentrer pour leur signifier non-seulement le refus de cette grâce, mais encore l'heure de l'exécution. Un autre s'en chargea. Ils avaient encore vingt minutes à vivre. On profita de ce peu de temps pour réciter les prières des agonisants, auxquelles ils répondirent à genoux avec la piété la plus édifiante. Puis ils se relevèrent, baisèrent encore plusieurs fois le crucifix et le chapelet, et se remirent à causer.

« Nous voilà donc tout prêts, » dit Prudhomme.

Puis, s'adressant aux deux gendarmes à ses côtés, qui pendant tout ce temps n'avaient cessé de prendre beaucoup de part à leur malheureux sort : « Messieurs, je vous remercie du bon cœur et de la compassion que vous nous témoignez depuis que vous êtes près de nous ; mais ne nous plaignez pas ; nous ne sommes pas malheureux. Voyez seulement ce que c'est que la religion aux derniers moments de la vie, même pour des infortunés condamnés à mourir par la guillotine. Voilà Celui qui est notre force et qui va être notre bonheur. » Et il montrait le crucifix, qu'il embrassa affectueusement, et qu'il porta ensuite aux lèvres de son confrère qui le baisa aussi.

« Mes amis, leur dit alors un de leurs confesseurs, j'ai été peiné de ce que vous n'avez pu assister à la messe. Eh bien, consolez-vous, maintenant que vous connaissez l'heure fatale, je suis heureux de vous annoncer que tout à l'heure, en descendant de l'échafaud je monterai à l'autel et j'offrirai le saint sacrifice pour vous... Par la miséricorde de Dieu vous serez au ciel, mes amis, et c'est de là que je vous engage à y assister.

— O mon père, s'écrièrent-ils, quel bonheur! que vous nous faites du bien!... Voilà donc pourquoi, depuis Douai, vous n'acceptiez pas nos offres et vous persistiez à rester à jeûn?

— Oui, mes amis, je me gardais de vous le dire, pour ne pas vous faire connaître l'heure de votre mort. Maintenant je vous le dis pour votre consolation...

— Merci, mon père, merci; nous prierons bien pour vous.

— Ce que nous demandons, répondirent les ecclésiastiques, c'est ce que Dieu vous accorde en ce moment, c'est-à-dire le temps et la grâce de bien nous préparer à la mort.

— Oui, messieurs, nous vous le promettons, nous conjurerons Dieu de vous l'accorder ; car nous vous devons tout en ce monde et surtout dans l'autre. »

Ils parlèrent encore un instant de leur heureux séjour à Douai, de M. le directeur, de M. Amand, du gardien Bernard, de Rassé et surtout de Derivière.

« Ce pauvre frère doit bien penser à nous en ce moment, dit Prudhomme. Comme il pleurait ce matin à nos derniers adieux ! Le pauvre ami a devant lui une bien triste perspective !... Si du moins il voulait recourir à la religion ; cela adoucirait bien ses peines ! Ô mon père ! s'adressant à son confesseur, à votre retour à Douai, allez le voir, je vous prie. Il se convertira, il me l'a promis; votre douceur l'a beaucoup touché... Allez le voir, et dites-lui que nous sommes morts avec courage et surtout avec religion, et que c'est nous qui vous envoyons à lui... Oh! il n'est pas méchant, vous verrez... il a un bien bon cœur, et la religion le rendrait heureux.... Oh! non jamais, n'est-ce pas, Eugène? nous ne l'oublierons près de Dieu.... nous prierons bien pour lui. »

En ce moment entrèrent les exécuteurs. Les condamnés les saluèrent amicalement.

« Quel est celui de nous qui doit passer le premier? demanda Prudhomme.

— C'est votre camarade, lui répondit-on.

Puis on procéda à la funèbre toilette. On ôta leurs fers, qu'on remplaça par une corde; on leur lia les mains derrière le dos, on les décolleta, et on coupa leurs cheveux par derrière. Ils subirent tous ces appareils sans laisser paraître la moindre émotion. Quand tout fut terminé :

« Eh bien! petit Pierre, dirent-ils en souriant à l'exécuteur, nous allons maintenant nous embrasser.... C'est un brave homme, petit Pierre...., il ne veut pas de mal à personne, il est plus émotionné que nous; c'est notre bienfaiteur, il va nous faire passer au bonheur!... » Et ils l'embrassèrent.

Aussitôt neuf heures sonnèrent. Dans tous les cœurs, excepté peut-être dans ceux des courageux jeunes gens, ce son terrible de l'heure fatale jeta je ne sais quel sentiment d'effroi....

— Allons, mon cher Eugène, du courage!... tu seras au ciel avant moi.... demande bien du courage pour ton ami. »

« Entends-tu, Eugène, dit Prudhomme, voilà notre heure!... Embrassons nous!.... » Puis, « Allons; mon frère, du courage..., je te suis... »

Ils embrassèrent les ecclésiastiques, et ils marchèrent d'un pas ferme au supplice. Eugène, le premier en avant, s'avança entre deux prêtres, les yeux fixés sur l'image du Sauveur qu'on lui présenta, et priant avec ferveur. Arrivé au pied de l'échafaud, il embrassa le prêtre, baisa une dernière fois le crucifix, et se plaça lui-même sur la planche où sans qu'on eut besoin de l'attacher il reçut le coup mortel.

Pendant ce temps, Prudhomme attendait à quelques pas de la porte d'entrée, où on l'avait un peu mis à l'écart, pour lui éviter l'affreux spectacle la mort de son ami. Il profita de ce court instant pour dire quelques mots à M. l'inspecteur. L'apercevant dans la foule il l'appela :

« M. l'inspecteur, dit-il, ne vous ayant point vu tout à l'heure, je veux avant de mourir, vous demander pardon de tout le mal que je vous ai voulu et des mauvais exemples que j'ai donnés ici. »

M. l'inspecteur lui exprima tout son bonheur de lui pardonner et de le voir dans de si admirables sentiments...

Il n'avait pas terminé que le coup qui tranchait les jours d'Eugène se fit entendre.

« O mon frère, s'écria Prudhomme avec émotion, le voilà frappé !... Monte au ciel, mon frère..., prie pour moi.., je te suis. »

Puis s'adressant aux prêtres :

« Allons, mon père, marchons; c'est à moi maintenant... »

Et il s'avança avec le plus grand courage jusqu'à l'échafaud. En portant le pied sur la première marche, loin de paraître s'affaiblir comme l'on dit certains journaux mal informés,

« Mon père, dit-il, je demande à parler au peuple.

— Non, non, ne le faites pas, lui fut-il aussitôt répondu.

— Si, laissez-moi faire, dit-il, je veux parler au peuple et lui faire voir ce que c'est que la religion à la mort. » On l'en détourna encore.

« Mon ami, lui dit doucement un des prêtres, faites-en le sacrifice..... Jésus-Christ, sur l'échafaud, aurait pu dire de bien bonnes choses de la religion...., cependant il garda le silence.... Croyez-moi, imitez-le.

— Oui, mon père, c'est vrai.... Donnez, que je baise encore l'image de ce bon Sauveur! »

Il baisa donc le crucifix, embrassa les prêtres, et se plaça lui-même sur la planche.

« Mon ami, dites encore les noms de Jésus, Marie.

— Oui, mon père : Jésus! Marie!.. Mon Dieu, pardonnez-moi mes péchés!..

A peine ces mots furent-ils prononcés que la tête tomba sous le coup fatal. En ce moment, une grande émotion se fit remarquer dans le nombre des curieux ; plusieurs tombèrent en défaillance.

Enfin la foule, de près de cinq mille personnes, s'écoula peu à peu, profondément impressionnée de ce lugubre spectacle.

Telle fut la fin de ces deux malheureux jeunes gens : Eugène, âgé de vingt ans, et Prudhomme de vingt-deux. Nés avec d'heureuses qualités, de beaux talents, ils auraient pu, bien dirigés, fournir une carrière honorable et peut-être brillante ; mais emportés par des passions violentes qu'ils ne surent pas maîtriser, corrompus par de funestes conseils, égarés par les mauvaises sociétés qu'ils eurent le malheur de fréquenter, et surtout par la lecture de livres impies et immoraux, ils ne tardèrent pas à se précipiter dans l'abîme du vice et ensuite dans celui du crime.

Bénie soit la divine miséricorde, qui a ouvert une voie de salut à ces âmes égarées! Bénie soit Marie, le refuge des pécheurs, qui leur a obtenu la grâce de la conversion et le bonheur de réparer les tristes égarements de leur vie par une mort véritablement chrétienne!

FIN

# TABLE



CHAPITRE I. Vie de Prudhomme. — Son obstination et son impénitence. . . . . . . . . 5

CHAPITRE II. Conversion de Prudhomme. . 25

CHAPITRE III. Départ de Douai. — Voyage et arrivée à Loos. — Exécution. . . . . . . . 69

— LILLE. TYP. L. LEFORT. MDCCCLXV —

www.ingramcontent.com/pod-product-compliance
Ingram Content Group UK Ltd.
Pitfield, Milton Keynes, MK11 3LW, UK
UKHW012239240726
13966UKWH00003B/1167